ONE MOVE
The Ultimate Hitting Lesson

最強バッティング教室

著 ウォーレン・クロマティ

TOYOKAN BOOKS

　私とウォーレン・クロマティさんの出会いは、今から40年近く前。1984年のことでした。

　この年、私は読売ジャイアンツの監督に就任し、時を同じくしてジャイアンツに入団したのが彼でした。

　それから5年間、私とクロマティさんは選手と監督として、同じユニフォームを纏い、ともに戦いました。

　現役時代のクロマティさんの技術について印象深いのは、その「順応力」の高さです。メジャーリーグで実績を残し、鳴り物入りで日本球界にやってきた彼でしたが、最初のころはなかなか結果が出ず、苦しんでいるのは監督の私から見ても明らかでした。

　ところが彼は、そこから日本野球にしっかりと順応し、日本でも素晴らしい結果を残したのです。

　技術はもちろん、心の面でも、彼は日本野球に見事に順応してくれました。

　あれは、1986年のことです。シーズン終盤の大事な試合で、彼は頭にデッドボールを受け、そのまま救急車で病院に搬送されました。ところが次の日、彼はベンチに入り、同点の場面で代打満塁ホームランを放ったのです。

　彼を代打に送ったのは他ならぬ私自身でしたが、あの場面で最高の結果を残してくれるとは、まるで映画を見ているような気分でした。

　普通なら、大事をとって登録を抹消してもおかしくなかったのに、彼はチームのために「試合に出る」と言ってくれました。

この時、彼が技術だけでなく、心まで日本野球の「フォア・ザ・チーム」を体現したくれたのだと、嬉しく思ったのを今でも鮮明に憶えています。

クロマティさんは、日本とメジャーリーグのふたつの野球に順応し、成功を収め、現役を引退したあとも日米の野球を見続けてきた男です。

そんな彼が自身のバッティング技術を1冊にまとめると聞いて、私はぜひ、少しでも多くのお子さん、そして野球をしている子どもたちの親御さんに、この本を読んでほしいと思っています。

どんなプロ野球選手も、野球をはじめたころから上手かったわけではありません。私自身にも「野球が下手だったころ」があります。

子どもたちが野球を好きになって、上手くなるためには、周りのサポートが不可欠です。

きっとこの本も、その一助になるはず。

ウォーレン・クロマティというプロ野球選手の教えがひとりでも多くの方々の手に届くことを、彼とともに戦った友人として、切に願っています。

福岡ソフトバンクホークス
取締役会長
王 貞治

"ONE MOVE" でもっと野球を楽しく、上手くなろう！

　ミナサン、コンニチワ！　ウォーレン・クロマティです。

　今回は「ONE MOVE 最強バッティング教室」を手に取ってくれて、本当にありがとうございます。

　この本を読んでいるあなたが、もし小学生なら、私のことをあまり知らないかもしれません。

　そんなときはぜひ、お父さん、お母さんに「クロマティってどんな人？」と聞いてみてください。

　きっと「読売ジャイアンツでプレーした、素晴らしいバッターだよ」と教えてくれるはずです。

　私は今から35年以上前の1984年に日本のプロ野球チーム・読売ジャイアンツに入団しました。それから7年間日本でプレーし、多くのファンにたくさんの応援をしてもらい、ありがたいことにたくさんのホームラン、たくさんのヒットを打つことができました。

　また、2019年の途中から2020年までは現役時代のチームメイトでもある原辰徳監督に頼まれて、ジャイアンツの「アドバイザー」として、多くの選手にバッティング指導を行いました。

　そんな経験を生かして、今回私は「日本の子どもたちに、もっと野球を好きになってほしい。もっと野球を上手くなってほしい」という思いのもと、この本を書きました。

今、日本では野球をプレーする子どもたちが毎年のように減っているという話を聞きます。

　これは、とても悲しいことです。

　その理由はいくつかあると思いますが、そのひとつが「正しい指導をできる大人がいない」ことだと考えています。

　もちろん、日本の野球界のレベルは世界でもトップクラスです。ただ、それでもメジャーリーグ、そして日本のプロ野球でプレーした私から見ると「なぜ、日本人はこんなことをするのだろう？」と感じる部分がたくさんあります。

　これは、決して技術の話に限ったことではありません。

　指導者の中には、子どもたちを怒鳴ったり、叱ったりすることでその可能性を閉ざしたり、やる気を失わせている大人がたくさんいます。日本だけでなく、アメリカにもそういう大人はたくさんいるのです。

　子どもたちにとって一番大切なのは、野球を楽しくプレーして、好きになることです。この本には、みんなが野球を上手くなって、みんなが野球を好きになってもらえるように、私の考えるバッティング技術の理論を詰め込みました。

　むずかしいことは、ひとつも書いていません。

　ぜひ、この本をきっかけにして、今よりももっと「楽しく」野球をプレーしてみてください。

Welcome to「ONE MOVE」！

ウォーレン・クロマティ

ONE MOVE

CONTENTS

2 ┃ 王貞治さん序文

Prologue
4 ┃ "ONE MOVE"でもっと野球を
楽しく、上手くなろう！

序章
9 ┃ 日米の経験でたどり着いた
"ONE MOVE"という考えかた

13 ┃ 読売ジャイアンツの４番打者
岡本和真選手から本書へのメッセージ！

PART 1
15 ┃ バットの握りかた
Grip

PART 2
21 ┃ 打席での立ちかた
Batting stance

PART 3
27 ┃ 打席でのバランス
Balance

PART 4

35 スイング

Swing

PART 5

43 足の使いかた

Using legs

PART 6

53 ステップ

Stride

PART 7

61 肩の役割

Front shoulder

PART 8

69 バットを短く持つ

Choke up

PART 9

79 ティーバッティング

TEE batting

CONTENTS

PART 10

93 | ボールをよく見る
Watch the ball

PART 11

101 | プランを立てる
Having a plan

PART 12

109 | 打球を打ち分ける
Opposite field

PART 13

117 | バットの選びかた
Choosing the right bat

Epilogue

124 | この本は私からの"ギフト"であり、
日本野球界への"メッセージ"です

序章

日米の経験でたどり着いた
"ONE MOVE"という考えかた

　理想的なバッティングとは、一体なんでしょうか。

　野球の世界では日々、新しい技術、新しい理論が生まれ、日
本のプロ野球選手も、アメリカのメジャーリーガーも、バッ
ターはつねにそれを取り入れて進化を続けてきました。

　それでも、本当の意味での「正解」にはまだたどり着けていな
いような気がします。

しかし、その中でも限りなく「正解」に近いものを導き出すことはできるはずです。

　私はメジャーリーガーとしての10年間で1104本、日本のプロ野球での7年間で951本、合計17年間の現役生活で通算2055本のヒットを打つことができました。

　メジャーリーグとプロ野球という、異なる地でそれぞれ結果を残すことができたのは、バッティングの「正解」に近づくことができたからだと信じています。

　そんな私が、みなさんに伝えたいのが「ONE MOVE＝ワン・ムーブ」という考えかたです。

　ONE MOVE──。

　日本語に直訳すると「一手」「ひとつの動き」というそうです。

　バッティングというものは、とてもむずかしく、さまざまな要素から形作られています。

　実際に指導の場でも「スイングはこうするべき」「腕の使いかたはこうするべき」「下半身はこう動かすべき」といった声をよく聞きます。

　バッティングは「手で持ったバットをピッチャーが投げたボールにぶつける」というシンプルな動作に思われがちですが、実は体のありとあらゆる部位を上手に使わなければ、ヒットやホームランを打つことはできません。

　しかし、ここに落とし穴があります。

　もちろん、手の使いかた、足の使いかた、腰の使いかたはすべて大切です。

　ただ、それらの動きはすべて「一連の動作」として完成されなければなりません。

　言い換えれば、余分な動きのないスイング。

　ボールを打つことは、紙を切ることに似ています。

　ハサミで紙を切るとき、余計ところに力が入ってしまったり、動きがぎこちなくなってしまうと、真っ直ぐ、きれいに切ることはできません。

　バッティングも同じです。

　パーフェクトなスイングとは、ボールに向かって直線的な軌道を描きます。それこそが、ボールにしっかりとコンタクトする確率を上げ、ヒットやホームランを生むのです。

　そこに余計な動きが足されてしまうと、例えばスイングが遅

れてしまったり、体が硬くなったりしてしまいます。それが、結果的に打ち損じや空振りという失敗につながってしまうのです。

⚾ 「ONE MOVE」で余分な動きを省く

実はこの「ONE MOVE」を実践できている選手は、日本でもアメリカでも、決して多くありません。

子どもたちが憧れるプロ野球選手やメジャーリーガーですら、どうしてもバッティングの中に「余分な動き」が生まれてしまうのです。

私は、あらゆるスポーツの中でバッティングほどむずかしいものはないと考えています。

なぜなら、どんな一流のバッターでも、3回に2回は失敗するから。あのイチローも、大谷翔平も、マイク・トラウトも、そして私自身も、バッターボックスに立ってヒットやホームランを打てる確率は3分の1以下です。

それほどむずかしいことをやろうとするわけですから、その動きはなるべくシンプルに、ムダを省いた形でなければならない。

そんな考えの末にたどり着いた「ONE MOVE」を、ここからひとつずつ、ていねいに紹介していこうと思います。

みなさんもぜひ、「ONE MOVE」を実践し、少しでも理想のバッティングに近づいてみてください。

写真：産経新聞社

クロマティさんのアドバイスで、バッターとしてレベルアップできた

──岡本選手は2019年と2020年の2年間、クロマティさんとともに練習をされていますよね？

岡本選手　クロマティさんは私がバッティングで悩んでいるとき、適切なアドバイスをしてくれました。バッターとしてなににフォーカスすべきか、その意味を理解できるようになったのはクロマティさんのサポートがあったからだと思っています。

そのおかげで、自分がバッターとしてどういう方向に進んでいけばいいのか、気づくことができました。

――具体的にはどんなアドバイスをもらったのでしょう。

岡本選手　ボールに対してのアプローチの方法です。クロマティさんのアドバイスで、これまでとは違い、たとえばセンター方向、ライト方向へも強い打球を打てるようになりました。その結果が、2020年の本塁打王、打点王のタイトル獲得にもつながったんだと思います。

――この本には、クロマティさんが岡本選手に送ったアドバイスを含め、さまざまな技術、理論が詰まっています。

岡本選手　私自身、日本とアメリカで実績を持つクロマティさんと一緒にトレーニングをすることで、バッターとしてレベルアップすることができました。だからもちろん、この本は少年野球から高校、大学、そしてプロまで、すべてのレベルでプレーするバッターに読んでほしいと思っています。

岡本和真（おかもと・かずま）

1996年6月30日生まれ、奈良県出身。
智弁学園から2014年ドラフト1位で指名され、読売ジャイアンツに入団。プロ4年目の2018年に一軍の4番打者に定着し、史上最年少で打率3割、30本塁打、100打点を記録。以降もジャイアンツの4番打者としてチームを牽引し、2020年には31本塁打、97打点で自身初となる本塁打王・打点王の二冠を獲得。ウォーレン・クロマティ氏からは2019〜2020年の2年間、アドバイザーと選手という立場で指導を受けた。

写真：産経新聞社

PART 1

バットの握りかた
Grip

指先でつつむように、第二関節をそろえて握る

　バットを握るうえで一番大切なのは「どう握ればバットを自由自在にコントロールできるか」を考えることです。バッターの仕事は、バットの芯（しん）をボールの芯にぶつけて、ヒットやホームランを打つこと。そのためには、バットをしっかりとコントロールする必要があります。

　正確なGrip（バットの握り）は、正確なバットコントロールを生みます。そのためにまず大切なのが「リラックス」して持つこと。手や腕、手首に力が入ってしまい、ガチッ！　とロックされたような握りではバットを上手くあつかうことはできません。

　たとえば、釣りの動きやハンマーでクギを打つことを想像してみてください。手首や腕に力が入ってしまうと、釣りの仕掛けは上手く飛んでいかないし、正確にクギを打つこともできません。バットも同じです。手首をやわらかく使って、自由にスイングできることをイメージしましょう。

　そのためには、バットを手のひらではなく、指で握ることが大切です。具体的には、人さし指から小指までの４本の指の第二関節にそうようにバットを置き、そのまま握る。そうすると、

バットを起こして正面から見た時、右手と左手、合計8本の指の第二関節が一直線に並びます。

　これが、理想の握りかたです。バットを「強く振ろう」、「強く握ろう」とすると、どうしても手のひらでしっかりと握って、力を入れたくなりますが、それは逆効果。手首をやわらかく使えなくなってしまうので、バットをコントロールできなくなるし、そもそもきれいなスイングができなくなってしまいます。

　野球だけでなく、ゴルフクラブの握り方も同じです。どちらのスポーツも、手に持った道具を正確にボールにコンタクトさせることが求められるスポーツなので、自然と「正しい握りかた」は同じになるのです。

8本の指で持つことで確実性も上がる

　日本でもメジャーリーグでも、たとえば小指をバットのグリップにかけて握ったり、人さし指から小指までの8本の指を使わずにバットを握るバッターを目にします。

　もちろん、彼らはプロフェッショナルで、自分で考えてその握りにたどり着いたはずですが、そういうバッターの多くは、ホームランは打てるけど三振も多いタイプがほとんどです。つまり、バッティングの「確率が悪い」。

　その意味ではやはり、とくに小学生や野球をはじめたばかりの子どもたちには、しっかりと8本の指を使って、バットを自

由にあつかえる握りかたから始めてほしいと思います。

　また、日本ではバットを握るとき、「手首をしめろ」「わきをしめろ」という指導がされるという話も聞きましたが、私はそこまで細かく意識する必要はないと思っています。

　大切なのは、ここまで紹介した「指の第二関節で握る」「手首をやわらかく使う」こと。これさえできていれば、少しくらい手首やわきが開いていても問題はありません。

　バットを操るのは、手のひらや指ではなく、手首と腕です。そのためには、余計なところに力を入れたり、関係ないところの「形」まで意識する必要はないのです。

　握る強さも、大人が「こうしろ」「ああしろ」と決めつけるのではなく、まずは子どもたちが自分で試してみて、どのくらいの強さで握れば自然にバットを振れるのか、試してみる必要があります。自分で「振りやすい」「速く振れる」握りの強さを見つけること。自分の中で、ベストの握りを見つけられるよう、大人はサポートに徹する必要があります。

　バットにコントロールされるのではなく、自分がバットをコントロールする――。

　これが、優秀なバッターになるための第一歩です。

手のひらではなく、両手の指の付け根にそってバットを置く

そのまま、8本の指でつつむようにバットを握る

バットを握ってから立てると、両手指の第二関節が一直線に並ぶ。これが、バットの正しい握りかた

力を込めてグッと握ってしまうと、第二関節が一直線にならない

クロマティ流まとめ
バットの握りかた

POINT 1

力を入れすぎずに
リラックスして握る！

POINT 2

両手の指の第二関節が
一直線になるように！

POINT 3

人さし指から小指まで、
8本の指でしっかりと握る！

POINT 4

バットを自由自在に
コントロールできるように
なろう！

PART 2

打席での立ちかた
Batting stance

基本は「肩幅」 「心地よい」スタンスを 見つけよう

　打席の中での立ちかた、いわゆるスタンスはバッターにとってのアイデンティティ（＝自分を形作るもの）でもあります。

　プロのバッターを見てもわかるように、スタンスの取りかたは人それぞれ。私自身、現役時代は肩幅と同じくらい足を広げて、上半身を前傾<small>ぜんけい</small>させるスタンスをとっていました。

　現役を引退してからずいぶん時間が経ちましたが、今でも私に会ったファンの方が当時のかまえをマネしてくれることがあります。なぜなら、それが私のアイデンティティだからです。

⚾ まずは基本をマスターしてから、自分のスタンスを探ろう

　私以外にも、バッターにはそれぞれ独自のスタンスがあります。私の師匠でもある王貞治さんや阪神でプレーした掛布雅之さん、現役選手の坂本勇人選手や、岡本和真選手もそうです。

　みんなそれぞれ、自分の立ちかた、スタンスを持っています。私自身の話をすると、「独特」と言われたあのスタンスは、子どものころからのマイヒーローでもあるピート・ローズ選手（※メジャーリーグで通算4256安打を記録している大打者）の立ちか

たを参考に、自分なりにアレンジを加えたものです。

　このように、打席での立ちかたには実は「正解」はありません。大切なのは自分がいかに「心地よく」感じて打席に立つことができるか。スムーズにバットスイングをすることができるかです。心地よいスタンスは、心地よいリズムを生みます。

　まずは自分自身のリズムを見つけて、そこからスタンスを決めるのがオススメです。

　とはいえ、その中でもやはり、「スイングしやすいスタンス」というものはあります。

　スタンスの基本となるのは「肩幅」です。なぜなら、その幅で立つことが一番、リズムがとりやすく、バットスイングにスムーズに移行できるからです。肩幅よりもかなり広め、ワイドスタンスでかまえる選手もいますが、スタンスが広いと動きが制限されてしまいます。下半身の力が強かったり、スイングスピードそのものが速い選手の場合はワイドスタンスでも問題ありませんが、特に子どものころ、まだ十分に体ができあがっていない段階では、まずは基本となる「肩幅」で立ったほうがいいでしょう。

　野球において「個性」は必要なものですが、それも基本があってこそ。最初は基本的なスタンスからはじめて、高校生、大学生と成長していくうちに、自分の中で「心地よい」スタンスを試していくといいかもしれません。

肩幅よりやや広く、リラックスして立つ

FRONT

バッターボックスと平行に足をそろえて立つのが基本の「スクエアスタンス」

身体に力を入れず、リラックスしてかまえるのが基本。スムーズにスイングに移行できるよう、意識しよう

スタンスが広すぎると、下半身の力が必要になるので、子どもの頃はさけたほうがいい

スタンスがせますぎるとバランスがとりにくい。気持ちよくスイングできるスタンス幅を探そう！

SIDE

両足は肩幅くらいに広げ
て立つ

肩幅〜肩幅より少し広めくらいに広げるのが基本。この形が、一番リラックスしてかまえること
ができる

クロマティ流まとめ
打席での立ちかた

POINT 1

基本のスタンスは「肩幅」！

POINT 2

心地よいスタンスを
見つけよう！

POINT 3

スタンスはバッターの
アイデンティティ！

POINT 4

広すぎるスタンスは
子どもには早い！

PART 3

打席でのバランス
Balance

▶ 動画も
チェック

下半身はバッティングの『土台』
強くスイングできる
バランスを見つけよう

　打席に立つとき、スタンスと同じくらい重要なのが「バランス」です。かまえを作るときに意識しなければいけないのが、いかにスムーズにスイングすることができるか。

　かまえの段階でバランスが崩れてしまっては、鋭くスイングすることはできません。人間の身体は、基本的にはつま先に重心をかけたほうが安定します。打席の中でも同じこと。かかとではなくつま先に重心をかけることで、バランスやリズムをとりやすくなります。

　かかとに重心がかかってしまうと、スイングしたときに体が後ろに倒れてしまい、左バッターの場合は一塁ベース方向に走りながら打つ形になりやすくなります。

　日本の、特に小柄で足の速いバッターによく見られる傾向ですが、これでは強い打球を打つのがむずかしくなってしまいます。打球も上がらず、ゴロにもなりやすい。もちろん、足の速さを生かしてあえてゴロを狙うバッターもいますが、やはり基本はしっかりとボールにコンタクトして、強い打球を打つことを意識してほしいと思います。

　特に子どものころはそういう基本をしっかりと守って、強い打球を打つことを目指すべきでしょう。

　打席の中でバランスを崩してしまうと、強い打球を打てないだけでなく、ボールにしっかりとコンタクトすることもむずかしくなります。

　たとえば、ローラースケートをはいた状態でバッティングしてみろ、と言われたらどうでしょうか？

　プロの世界では、時速100マイル（約160キロ）のボールをバットでしっかりとらえる必要があります。それ以外にもあらゆるコース、あらゆる球種に対応することが求められる。バッティングの際には、体も動くし、目も動きます。そんな状況で強くスイングし、なおかつ正確にバットを操るためには、下半身のバランスが最初からとれている必要があるのです。

　下半身はバッティングにおける「土台」のようなもの。ここが安定していないと、すべてが台無しになってしまいます。

⚾ つま先重心で左右は5：5のバランスが理想

　つま先に重心をかけると、体は自然とやや前傾姿勢になります。私の現役時代も、前傾してかまえていましたが、これはバットをボールに強くアタック（＝ぶつける）するための準備段階として必要なことです。

　特に小さな子どもの場合、大人とくらべても下半身の力が弱

いので、バランスがより重要になってきます。

　かまえの段階はもちろん、実際にスイングしてみて、バランスが崩れないか、試してみるといいでしょう。

　たとえば、かまえの段階で両足の後ろにバットを置いたり、それが危ないようであれば線を引くなどして、スイングしたあとも体が後ろに倒れないかチェックしてあげるのもいいかもしれません。

　つま先に重心をおいたうえで、左右の足にはなるべく5:5のバランスで重心をおくことが理想です。

　なぜなら、その方がリズムをとりやすいから。打席ではピッチャーのモーションに合わせて、つねにリズムをとることが大切です。左右どちらかに重心が偏（かたよ）ってしまうと、上手くリズムがとれません。

　イメージとしては「振り子」。体の軸を中心に、振り子が振れるような感覚でピッチャーの投げるボールを待ちます。

　また、両方の足に均等（きんとう）に重心が乗っているほうが、リラックスできる効果もあります。

　体に力が入りすぎてしまうと、どうしてもスイングにスムーズに移行できなかったり、バットを上手くコントロールすることができなくなってしまいます。

　もちろん、スタンス同様、プロの選手には「自分のベストなバランス」で打席に立つ選手もいますが、まずはベーシックなスタ

イルを身につけてから、自分がスイングしやすい、自分に合った形を見つけることをおすすめします。

つま先に重心をかけることで バランスがとりやすくなる

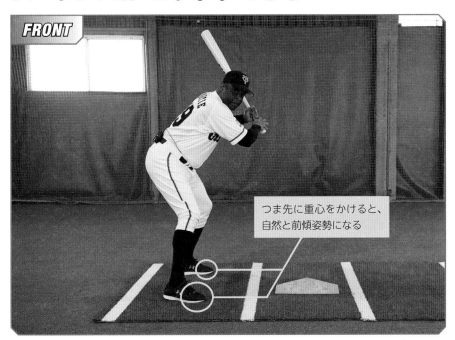

FRONT

つま先に重心をかけると、 自然と前傾姿勢になる

かかとではなくつま先に重心をかけることで、打席の中でバランスよくかまえることができる

左右の足にバランスよく重心をかけ、リラックスしてリズムをとる

スイング直後に軽く押されても、
体勢をキープできていればバラン
スがとれている証拠

つま先に重心がかかっていれば、スイングしたあともバランスを崩すことはない

かかとに重心がかかってしまうと、スイングしたときにバランスを崩してしまい、体がうしろに倒れてしまう

クロマティ流まとめ
打席でのバランス

POINT 1

つま先に重心をかけて
下半身を安定させよう！

POINT 2

左右の足にはなるべく
5:5のバランスで
重心をかけよう！

POINT 3

スイングしたあともバランスを
崩さないように注意しよう！

POINT 4

打席の中では
ピッチャーに合わせて
リズムをとれるようにしよう！

⚾ PART 4
スイング
Swing

 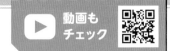

バットをしっかりと引いて ボールに対して 直線的にスイングする

　正しいスタンス、正しいバランスを意識できたら、次は「正しいスイング」について伝えたいと思います。

　なぜならピッチャーが投げたボールに正しく、強くコンタクトするためには、正しいスイングが必要だからです。

　スイングするとき、まず大切になるのがピッチャーのモーションに合わせてバットを「引く」こと。

　日本では「テイクバック」と呼ばれている動きです。

　なぜこの動きが重要なのかというと、ボールに対してダイレクトにアタックするためです。

　まずは、弓矢をイメージしてください。弓をしっかり引かなければ、矢は真っ直ぐ、強く飛んでいきません。スイングも同じです。ボールに対して真っ直ぐ、強くコンタクトするためには、まずはしっかりとバットを引かなければいけない。

　バットを引く距離が短いと、パワーが出ず、スイングスピードも落ちてしまいます。そうすると、たとえボールにコンタクトできても強い打球は打てません。

　基本は、「目いっぱい、バットを引く」。

そうすることで、スイングにスピードとパワーが生まれます。

バットを引く方向も大切です。ピッチャーが投げるボールに対して直線的にアプローチするためにはバットは真後ろ、キャッチャー側に引く必要があります。

「バットを引く」というと体をひねってしまい、キャッチャー側ではなく背中側にバットを引いてしまう選手がいますが、これではエネルギーの方向がずれてしまいます。

背中側にバットを引いてしまうと、バットが遠回りの軌道を描いてしまい、速いボールにも対応できないし、スイングのパワーをボールに効率的に伝えることができません。

むずかしく考える必要はなくて、「ボールは正面から投げられるのだから、バットは真後ろに引いて、直線的に、ムダなくスイングする」ことを意識しましょう。

まずはシンプルに、直線的なスイングを心がける

バットを引いて（＝テイクバックして）準備ができたら、そこから実際にバットをボールに向かってスイングしていきます。

日本の指導ではよく「バットはグリップから出す」「ヘッドを立てることを意識する」といったことを言うそうですが、正直に言うと「むずかしいことを言いすぎ」と感じます。

もちろん、指導者の方には自分の理論があって、それを子どもたちに伝えたいという気持ちは理解できます。

ただ、子どものころからあまりむずかしいことをやらせよう
としても、なかなか上手くいきません。

スイングでまず意識するべきなのは、引いたバットを、ボー
ルに向かって直線的にぶつけていくことです。

バットを正しく真後ろに引くことができれば、あとはそこからボー
ルに向かって振り抜くだけ――。まず意識すべきなのは、そこです。

私が何度も「直線的」という言葉を使うのには、理由がありま
す。なぜなら、それこそがシンプルに、もっともバット（スイン
グ）の力をボールにぶつけることができる方法だからです。

また、スイングには腕をしっかりとエクステンション（伸ば
す）させることも大切です。かまえた段階では曲がっているひ
じを、スイングのときにはしっかりと伸ばす。そして、伸ばし
切ったタイミングでボールをとらえることが理想です。

確かにバッティングは、多くの動きやチェックポイントが必
要な複雑な作業です。ただ、そのすべてをひも解いていくと、
最後にはシンプルに「バットをボールに強くコンタクトする」と
いう答えにたどり着きます。そのために意識すべきなのが「直線
的なアプローチ」なのです。

もちろん強いスイング、鋭いスイングをするためには、多く
の動きが必要になります。バットは腕の力ではなく下半身の力
を使ってスイングする、腕ではなく、肩の使い方も重要になり
ますが、それは別の章でしっかりと解説していくつもりです。

🎽 日米で流行のスイングに隠れた危険性

　近年、アメリカのメジャーリーグや日本のプロ野球では、スイングを直線的ではなく、やや下からあおるように打つ軌道が流行しています。アメリカではこれをLaunch Swing(ローンチスイング)といいます。ローンチとは、「打ち上げる」という意味で、その名のとおり打球を打ち上げてホームランや長打を狙う打ちかたのことです。

　もちろん、やや下からバットをボールにコンタクトさせることで、長打を打てる可能性は上がるかもしれません。ただ、私個人の考えかたとしては、特に子どもたちにこのスイングはあまりおすすめしません。なぜなら、弱点も増えるからです。

　ボールに対して直線的に打ちにいかないと、空振りする可能性が上がります。実際、メジャーリーグではここ数年、三振の数が毎年のように増えています。

　バッティングの基本は、ボールにバットを正しくコンタクトして、強い打球を打つこと。

　特に子どものころから打ち上げることばかり意識してしまうと、確率が下がって正しいスイングをおぼえることがむずかしくなってしまいます。

　まずはボールに対してなるべく「直線的」に、しっかりとバットの芯でボールをとらえることをマスターすべきでしょう。

しっかり引いて直線的にスイングする

正しいかまえでピッチャーのモーションにリズムを合わせる

ピッチャーのモーションに合わせて、バットを真後ろにしっかりと引く

目いっぱい引いた位置から、スイングを開始する

ボールに対して「直線的」な軌道を意識する

最後まで、しっかりと強くスイングする

クロマティ流まとめ
スイング

POINT 1

バットを真後ろに
しっかりと引く！

- -

POINT 2

バットの軌道はボールに
対して直線的に！

- -

POINT 3

強いスイングが
強い打球を生む！

- -

POINT 4

打ち上げるスイングは
弱点も多い！

PART 5

足の使いかた
Using legs

日本人の多くが間違えている正しい足の使いかた

　私が1984年に読売ジャイアンツに入団したときから、今でもずっと思い続けていることがあります。

　それは、「なぜ日本人バッターはあんなに大きく足を上げるのだろう」ということです。

　日本では足をほとんど上げずに打つことを「すり足打法」というそうですが、そういうバッターの方がはるかに少なく感じます。

　逆に、メジャーリーグのバッターで日本人のように大きく足を上げる選手はあまり見かけません。

　一体、なぜでしょう。そこには、「足を上げる」ことについて日本人が勘違いしている大きな問題点があります。

　日本では打席で足を上げることが「パワーを生む」と考えられています。足を大きく上げて反動をつけることで、強い打球が打てたり、遠くまでボールを飛ばすことができる。そのため、足を上げないで打つと「飛距離が落ちる」「ホームランが出にくい」と言われることがあるそうです。

　バッティングにはいろいろな考えかたがあるのは承知の上で言いますが、これは完全な「間違い」です。

　バッティングでパワーを生み出すのは「足を上げる」ことではありません。足を上げないとホームランが打てないのであれば、なぜメジャーリーガーはあれだけたくさんのホームランを打てるのか。「そもそも外国人は日本人よりパワーがあるから」と言われることもありますが、そんなことはありません。

　バッティングでパワーを生み出すのは、足を上げることではなく、腰とお尻の回転です。腕を引き、テイクバックしたら、スイングと同時に腰とお尻をコマのように「ギュンッ！」と回転させる。これがスイングにスピードとパワーを生むのです。

　下半身を上手に使うという意味では、ゴルフのスイングは野球のスイングと似ています。P51のイラストのように、ゴルフも野球も、腰とお尻の回転を使ってボールに力を伝えています。そして、ゴルフのスイングでも足を上げることはありません。さらに言えば、野球はゴルフと違って動くボールを打つので、ゴルフ以上に下半身の安定とパワーが必要になるのです。

　たとえばロサンゼルス・エンゼルスで活躍する大谷翔平選手は、日本時代は足を大きく上げて打っていましたが、メジャー移籍後に足を上げない打法に変更しました。それでも、松井秀喜選手（元ニューヨーク・ヤンキースほか）をしのぐペースでホームランを量産しています。もちろん、彼には190センチを超えるメジャーリーガー並みの体格が備わってはいますが、「すり足打法」でも日本人がホームランを打てることを実証してくれてい

るのです。

　ただし、足を大きく上げながらもしっかりと数字を残す選手がいるのも事実です。その代表例が、私の師匠でもある王貞治さんです。王さんは「一本足打法」という足を大きく上げる打法で、世界記録となる通算868本のホームランを打ちました。

　王さんを見たら、もしかしたら多くの人が「やはり、足を上げたほうがホームランが打てるじゃないか」と思うかもしれません。

　ただ、それも大きな間違いです。たしかに王さんは足を大きく上げていますが、その反動を使って打っていたわけではありません。先ほど書いたように、腰とお尻の回転をしっかりと使ってバットでボールをとらえているのです。

足を上げすぎるとバランスがとりにくい

　足を大きく上げて打つと、バッティングにおいて「余計な動きが増えてしまう」ことになります。体が大きく動いてしまうため、たとえば目線がブレてしまったり、重心移動が大きくなりすぎてしまうのです。

　バッティングの基本は「シンプルな動き」です。ピッチャーが投げてくる速いボールや鋭い変化球を確実にとらえるためには、なるべく「ムダ」を省く必要があります。

　足を大きく上げることは、スイングまでの一連の動作の中でその「ムダ」を生んでしまう可能性が高い。そのため、バッティ

ングで一番大切な「確実性」が損なわれてしまうのです。

　もちろん、王さんをはじめとした多くのバッターが足を上げるのにも理由があります。足を上げることで、軸足（右バッターなら右足、左バッターなら左足）にしっかりと体重を乗せて、そこから重心を移動させることができるからです。

　ただし、これは王さんのようにいろいろな打法を試しながら一流のバッターが最後にたどり着いた打法です。たとえば野球をはじめたばかりの子どもたちや小学生、中学生のバッターがいきなりマネをしようと思っても、無理な話です。

　なにより、王さんが足を上げる本当の意味を理解せず、「足を上げたほうがパワーが生まれる」という間違った考えかた、間違った教えを信じてしまうことは、バッターとして大きなリスクになります。

　これは子どもだけでなく、日本のプロ野球選手にも言えることです。足を上げて打つプロ野球選手のうち、どれだけの選手が「足を上げる」ことの理由と、そのリスクを理解したうえで実践しているのか、正直に言うと疑問に思います。

　バッティングでパワーを生むのは「足を上げる」ことではなく「腰とお尻の回転」。これを肝に銘じて、打席の中の動きはなるべくシンプルに、最小限にとどめておくことをおすすめします。

パワーを生むのは足を上げることではなく腰とお尻の回転

リラックスしてかまえてピッチャーの投球を待つ

ピッチャーのモーションに合わせて腕を引き、同時に足を上げはじめる

足は上げすぎず、地面から少し浮かすくらいをイメージする

次の
ページへ
続く

上げた足はつま先から着地する

足をふみ込んだら腰とお尻をしっかりと回転させるイメージでスイングする

腰とお尻の回転をバットに伝え、ボールに直線的にぶつける

✖NG

足を大きく上げてしまうと目線がブレたりバランスがとりにくくなる

野球のスイングとゴルフのスイング

野球でもゴルフでも、腰とお尻をしっかりと回転させ、バット（ゴルフはクラブ）に伝えることが大切。これができないと、飛距離は出ない

クロマティ流まとめ
足の使いかた

POINT 1

「足を上げる」＝「パワーを生む」
は大きな間違い！

POINT 2

パワーを生むのは足ではなく
腰とお尻の回転！

POINT 3

足を上げすぎると目線がブレて
ボールをとらえる確率が
下がる！

POINT 4

足を上げるのはパワーではなく
「軸足に体重を乗せる」ことが
目的！

PART ⑥

ステップ
Stride

ステップ　**Stride**

▶ 動画も
チェック

リズミカルに、軽やかに！ボールに向かって真っすぐ踏み込む！

　ピッチャーのモーションに合わせて腕を引き、同時に足を少しだけ上げたら、その足をピッチャー側にステップ（stride＝ストライド）する必要があります。

　足をステップさせることで体重をバットに乗せ、ボールに向けてパワーをぶつける準備をするためです。

　ステップの際に気をつけたいポイントはいくつかありますが、まずはなるべく「リズミカル」に動くこと。腕を引くのと同じタイミングで足を少しだけ浮かせてステップすると、ピッチャーのモーション、投球にシンクロ（同調）することができるので、タイミングもとりやすくなります。

　ステップする幅については、厳密に「これくらい」という正解はありません。ただ、バッティングをするうえで体のバランスを崩さないためにも、極端に大きく踏み込むのはあまりおすすめできません。

　ステップ幅が広すぎると、体が前に突っ込みすぎてしまい、ボールを「迎えに行く」体勢になってしまうので確率も下がってしまいます。

　私自身は現役時代から、スパイク1足分くらいを目安にステップしています。

　また、ステップした足は基本的につま先から着地し、そのあとかかとをぐっと踏み込むイメージが理想です。かかとから着地してしまうと、どうしても体が後ろに倒れ込んでしまい、バランスが崩れてしまいます。

　ここまで何度も伝えているように、バッティングは「シンプルに」「ボールに向かって直線的にアプローチする」必要があります。

　かかと着地だとせっかくボールに向かって踏み出しても、そのパワーが後ろに逃げてしまい、エネルギーを100パーセント伝えることができなくなってしまいます。

⚾ コースによってステップする方向を変える

　「ボールに直線的にアプローチする」ために必要なのが、ステップする方向です。私のように左バッターの場合は、アウトコースはサード方向に、真ん中はピッチャー方向に、インコースはピッチャー方向からややファースト寄りに踏み込むイメージですが、「ボールに向かって真っすぐ踏み込む」と言ったほうがシンプルかもしれません。

　ステップの方向はそのまま「パワーをぶつける方向」を決めます。コースによってステップする方向を変えることで、ボールに直線的にバットを出すことができますし、それが強い打球を

確実に打つポイントになります。

　打席内で瞬時（しゅんじ）にコースを見極め、しっかりとボールに向かってリズミカルにステップする。そうすれば、「直線的なバッティング」が可能になるのです。

ステップ幅は広すぎず、
ボールに向かって一直線に！

ピッチャーのモーションに合わせてリズムを取りながら足を上げる準備をする

腕を引くのと同時に足を少しだけ上げる

スパイク1足分を目安に、バランスが崩れない程度につま先からステップする

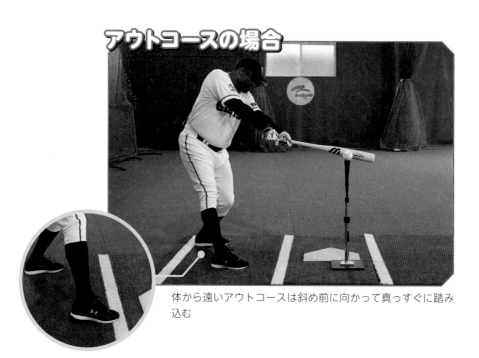

アウトコースの場合

体から遠いアウトコースは斜め前に向かって真っすぐに踏み込む

真ん中の場合

一番打ちやすい真ん中はボールに向かって真っすぐ踏み込む
イメージで

インコースの場合

体に近いインコースは真ん中よりもややファースト方向(右
バッターサード方向)に踏み込むが、開きすぎに注意しよう。

ステップ **Stride**

クロマティ流まとめ
ステップ

POINT 1

リズミカルに、
ピッチャーのモーションに
合わせてステップしよう！

POINT 2

ステップ幅が広すぎると、
体が突っ込んでしまうので
要注意！

POINT 3

コースによってステップする
方向を変え、ボールに
「直線的」にアプローチする！

POINT 4

ステップするときは、
「つま先から着地」を意識して！

PART 7

肩の役割
Front shoulder

▶ 動画も
チェック

前の肩をボールに向けて、ギリギリまで開かない

　強い打球を打つ、ボールに正確にコンタクトする——。

　そのために重要なポイントとなるのが、「肩」です。ここでいう「肩」とは、ピッチャー側の肩のことを指します。私のような左バッターなら右肩、右バッターなら逆に左肩です。

　バッティングの際はこの「前側の肩＝Front shoulder」の使い方が、結果を大きく左右します。

　肩の役割はいくつかありますが、ひとつはボールに対して体を直線的に動かすための目安になるということ。

　「ステップ」の項目で、コースによって足を出す方向を変えると説明しましたが、肩も同じです。

　基本的には、ステップした足と同じ方向に肩を向けます。そうすることで、上半身と下半身がボールに向かって真っ直ぐに動くので、ボールに対してパワフルにアプローチすることができるのです。

　このとき大切なのは足と肩を「同じ方向」に向けること。

　たとえば、足だけはアウトコースのボールに対して踏み込んでいるのに、肩が違う方向を向いてしまうと、全身の力を打球

に伝えることはできません。逆の場合も同じです。

　P66〜67の写真を見てもらえばわかると思いますが、アウトコースでもインコースでも、ピッチャーが投げたボールを体全体でとらえるイメージを持つことが大切になってきます。

　バッティングはバットだけでなく、下半身、上半身すべてを使って行うものです。たとえば手だけを上手く操れて、バットの芯でボールをとらえることができても、肩がしっかりとボールに向かっていないと強い打球は打てません。

　スイングに入る前に、しっかりと足と肩をボールに向けることで、スイング自体もスムーズになりますし、ボールに対して「直線的」なアプローチが可能になるのです。

⚾ 出した肩は、ギリギリまで開かない

　前側の肩をしっかりボールに向けて体の力をスイング、そして打球に伝えるために必要なポイントはもうひとつあります。

　それは、「ボールに向けた肩を、ギリギリまで開かない」こと。「開く」というのは日本の野球界でもよく言われる言葉だそうですが、要はバッターの胸が早い段階でピッチャー側に向いてしまうことを指します。

　左バッターの場合は右肩がファースト方向に、右バッターの場合は左肩がサード方向に向いてしまうと、この「開き」が起きてしまいます。

　体が開いてしまうと、バットの力を100パーセントボールに伝えることができなかったり、そもそもボールをとらえられる確率が下がってしまうなど、バッティングにとってはっきり言って良いことはひとつもありません。

　日本でもこの「開き」を抑(おさ)えるためにいろいろな指導をするそうですが、私が伝えたいのはシンプルに「せっかくボールに向けた肩の位置を、そのままキープしてほしい」ということ。

　もちろんバットをスイングすると、どこかのタイミングで前の肩が開き、後ろ側の肩が前に出てきます。これもまた「体が開いている」と言えなくはないのですが、重要なのはそのタイミングをなるべく遅らせることです。

　あれこれむずかしく考えるのではなく、「肩を動かさない」ことを意識するだけでも、開きを抑えることはできるはずです。

　プロ野球選手の中でもこの「開き」が早い選手がいたり、ふだんはできているのに疲労がたまってくるとどうしても体が開いてしまう選手を見かけます。

　それだけ、むずかしい技術なのは間違いないですが、「意識」をシンプルにするだけでも効果は絶対にあるはずです。

肩をボールに向けて
直線的にアプローチする

真ん中の場合

足と肩をボールに向け、直線的にバットを出すイメージ

アウトコースの場合

アウトコースの場合は足を思いきり踏み出し、肩も同じ方向に向ける

インコースの場合

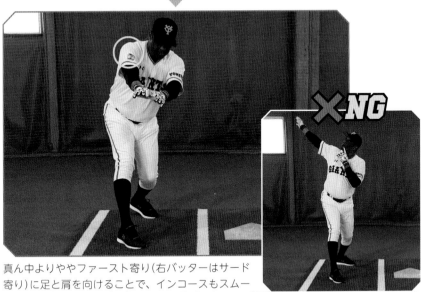

真ん中よりややファースト寄り(右バッターはサード寄り)に足と肩を向けることで、インコースもスムーズに対応できる

前の肩が早めに開いてしまうと体の力がバットに伝わらない。あごも上がってしまい、ボールをよく見ることもできなくなってしまう

クロマティ流まとめ
肩の役割

POINT 1

ステップと同じ方向に、
しっかりと前の肩を向けよう！

POINT 2

肩の開きが早いと、
パワーは半減してしまう！

POINT 3

ボールに対して「直線的」に
アプローチすることを
イメージしよう！

POINT 4

バッティングは手だけでなく、
上半身、下半身すべてを使って
行う！

PART 8

バットを短く持つ
Choke up

バットを短く持っても
強い打球を打つことはできる

　PART5の「足の使いかた」で、日本人のほとんどが「足を上げないと強い打球が打てない」と勘違いしているという話をしましたが、同じような勘違いはまだあります。

　それが「バットを短く持つ」ことへの意識です。

　アメリカではバットを短く持つことを「choke up」と言いますが、日本語に直訳すると「詰める」という意味。バットを目いっぱい長く持つのではなく、少し"詰めて"短く持つと言えば、わかりやすいかもしれません。

　日本のプロ野球選手を見ると、ほとんどの選手がバットをグリップエンドの位置まで目いっぱい長く持っています。中には、グリップエンドに小指や薬指までかけて持っている選手もいるようです。

　もちろん、日本だけでなくメジャーリーグでもバットを長く持つ選手は大勢います。

　彼らがバットを長く持つ理由は、「遠心力」を最大限に使って、強い打球、遠くまで飛ぶ打球を打ちたいからでしょう。

　もちろん、メジャーリーガーやプロ野球選手の多くは日々の

トレーニングでバットを長く持っても十分に使いこなせる筋力と技術を持っているかもしれません。

　ただ、それでもまだ私から見ると「over swing＝強く振りすぎ」と感じる選手が多くいます。

　巨人の岡本和真選手や西武の山川穂高選手といった日本を代表するホームランバッターは、バットを長く持ってたくさんのホームランを打っています。現在はこのスタイルが日本でもアメリカでも主流となっているのは間違いないでしょう。

　ただ、私は常々、「もっとスイングをコンパクトにしても、彼らの技術ならホームランは打てるし、打率も上がるのに……」ともったいなく思っています。

強い打球を打つために一番大切なことは？

　たしかに、バットを強く振ることは大切です。強いスイング、速いスイングが強い打球を生むことも否定しません。

　ただ、ここでちょっと考えてみてください。強い打球を生むために一番重要なのは、果たして「強いスイング」でしょうか。私は、違うと思います。一番大切なのは、「ボールに正しくコンタクトすること」すなわち、バットの芯でボールの芯を打ち抜くことです。

　強い打球を打つための優先順位で言えば、

①バットの芯でボールの芯をとらえる

写真：アフロ

メジャー記録でもある通算762本のホームランを打ったバリー・ボンズも、バットを短く持ってバッティングしていた

写真：AP／アフロ

写真：産経新聞社

マイク・トラウト（写真左）、坂本勇人（写真右）といった現代の野球界を代表するバッターも「choke up」を実践している

②強くスイングする

この順番になるはずです。

バットを長く持ちすぎることは、①を実践する上で大きな障害になってしまいます。

ためしに、バットを長く持った状態と、グリップを少しだけ余らせて短くなった状態でスイングしてみてください。短く持ったほうが、スイングがコンパクトになり、バットをあつかいやすくなるはずです。

「choke up」してバットを短く持つことで、まずはボールをしっかりととらえられる確率が上がります。たとえ短く持っていたとしても、これまで紹介してきたような正しい足の使いか

たやスイングを実践できれば、強い打球を打つことはできます。

その証拠に、日本でもメジャーリーグでも、実際に多くの一流選手が「choke up」を実践しながら、本塁打を量産しています。メジャーリーグで史上最多となる762本のホームランを放ったバリー・ボンズ（元サンフランシスコ・ジャイアンツほか）や、現在のメジャーリーグで最高の打者とされているマイク・トラウト（ロサンゼルス・エンゼルス）などは、「choke up」しているにもかかわらず、たくさんのホームランを打っています。

日本では坂本勇人選手が、バットを少しだけ短く持ちながら、2019年にはシーズン40本塁打を記録しました。

また、彼らに共通しているのは「ホームランを打ちながら、打率も高い」ということ。

バッティングを語るときに「長打をとるか、確率をとるか」といった議論がされることがあります。
「ホームランを狙うと打率が落ちる」「逆に、ヒットを狙うとホームランが減る」というのがその理由です。

もちろん、これを全否定するわけではありませんが、「ホームランを打つ」ことと「確率（打率）を上げる」ことを両立することは、決して不可能ではないと思います。

なぜなら、「ホームランを打つ」のも「打率を上げる」のも、ボールを正確にとらえなければ実現できないからです。

バリー・ボンズ選手やマイク・トラウト選手のように、その両

方をなしとげている選手がいることからも、それは明らかです。

　私自身、メジャーリーグと日本のプロ野球で通算232本の本塁打を打つと同時に、2055本のヒットを記録できたのは、「choke up」を実践して、「バットの芯でボールの芯をとらえる」ことを意識し続けたからだと思っています。

体が大きくなるまでは choke up を実践しよう！

　特に、まだ十分な筋力の無い小学生や中学生のうちは、むやみにバットを長く持つことはおすすめできません。

　プロの選手ですら、長く持ったバットを自由自在に操るのは至難の業です。いきなりプロ野球選手の真似をしてバットを長く持っても、ボールに当たらなければ楽しくないし、技術の成長も遅くなってしまいます。

　また、バットを短く持って練習を続けることで「choke upしても打球は飛ぶ」ということを実感することもできるはずです。

　私の場合は指2〜3本分グリップから離してバットを握っていましたが、どのくらい短く持つかに「正解」はありません。

　まずは自分でスイングしたり、実際にボールを打ってみたり、色々な形を試しながら、「バットを自在に操れて、なおかつ強くスイングできる」形を見つけてみてください。

　最後に、もう一度念を押します。

　バットを短く持っても、強い打球、ホームランは打てます！

グリップを余らせて、バットを少しだけ短く持つ

バットを少し短く持つだけでも、かなりあつかいやすくなる。正しいフォームなら、これでも十分強い打球が打てるはずだ

グリップに指をかけるほど長く持ってしまうと、バットを自在に操ることはむずかしい。特に小中学生にはあまりおすすめできない

クロマティ流まとめ
バットを短く持つ

POINT 1
グリップを余らせて
短く持つことで、
バットをあつかいやすくなる！

POINT 2
バットを短く持っても、
強い打球は打てる！

POINT 3
長く持ちすぎると確実性が
下がり、結果的に長打も
打てなくなる可能性が……

POINT 4
日米の一流選手も、
「choke up」を
実践している！

PART 9

ティーバッティング
TEE batting

自分のフォームやスイングを チェックし、チューニングする

　私がこの本で紹介している技術は、バッティングにおける「レシピ」と「材料」のようなものです。

　それらを正しく調理することで、「ヒット」や「ホームラン」といった最高の料理ができあがるわけですが、これまでに教えてきた材料を、どう調理すればいいのか、正しい材料をそろえられているかチェックするために必要なのが「ティーバッティング」です。

　バッティングにはたくさんの練習法がありますが、その中でもティーバッティングは最高の練習法です。

　野球選手は、バッターでもピッチャーでも、自分の中にそれまで学んできた「技術の引き出し」を持っています。

　ティーバッティングは、その引き出しの中身をひとつずつチェックして、自分の調理法が間違っていないかチェックするのに、とても役立ちます。

　プロ野球選手であれば、基本に立ち返るため、小学生であれば、基本を学ぶために絶対に必要なもので、世代問わず、日々取り組んだ方がいいでしょう。

　日本の野球界を見ていると、あまりティーバッティングを重要

視していないように思います。いわゆる「素振り」はたくさんする
し、バッティング練習も多く行いますが、ティーバッティングは
試合前に少しやる程度です。

　私は、日本人はもっとティーバッティングの大切さを知り、実
践すべきだと思っています。

　特に私がおすすめしたいのが、スタンドティーと呼ばれる器具
にボールを置いて、止まっているボールを打つ練習法。日本では
「置きティー」と呼ばれているそうですが、この置きティーがバッ
ティングの基本を身につけたり、チェックするのにとても役立ち
ます。

　止まっているボールを打つのは、動いているボールを打つより
もかんたんです。プロの選手は時速100マイル（約160キロ）の
ボールに正確にコンタクトする必要がありますが、どんなレベル
の選手でも、まずは止まっているボールをしっかりととらえるこ
とができなければ速いボールを打つことはできません。

　ピッチャーが投げてくるボールを打つときは、一瞬の判断で体
を動かす必要があるので、技術的に何かを考えながら打つことは
不可能です。しかし、置きティーで止まったボールを繰り返し打
つと、自分が正しくバッティングができているのか、何かが狂っ
ていないのか、チェックすることができるのです。

　ティーバッティングは、車でいうチューニングのようなもの。
打席に入り、実際にボールを打つ前に、自分の感覚と技術、そし

てメンタルを合致^{がっち}させるのに役立ちます。

　プロ野球選手の場合、長いシーズンを過ごす中でバッティングの感覚が狂^{くる}ったり、スイングがゆるくなってしまうことがあります。そんなときはティーバッティングをすることでメカニックの部分のチェックや調整をすることができます。

　特に、スランプのときなどは積極的に取り入れたほうがいいでしょう。

止まっているボールを打つことで感覚をつかむ

　ティーバッティングをおすすめする理由は他にもあります。特に小学生は「止まっているボール」を打つことで「打てる」という自信をつけることができます。

　リトルリーグに通う子どもを持つ親御さんから「バッティング練習でコーチが投げるボールを全然打てずに、子どもが泣いている」という話を聞いたことがあります。

　この場合、悪いのはその子ではなくコーチです。打てないのに、なぜ何度も同じことを繰り返すのでしょう。投げたボールを打てないのであれば、まずは止まったボールをしっかりと打つ練習をすべきです。そこで、自分のスイングやフォームをしっかりと身に付ける。「動くボール」を打つ練習はそれからです。

　子どもが上手くなるためには、野球やバッティングへの興味を持続させることも大切です。失敗を繰り返させて自信を失わせて

はいけません。練習で打てないと、野球やバッティングに興味がなくなり、結果的に練習も嫌になってしまいます。

　上達のためには、興味を持って、「楽しい」と思わせることが最も重要。そのためにも、ティーバッティングは大いに役立ってくれるはずです。

　バッティングティーを置く位置も大切です。基本は一番打ちやすい「真ん中」にボールをセットして打ちますが、実際の試合でピッチャーが投げてくるボールは、コースも、高さもバラバラです。

　ティーを置く位置は「インコース＝In course」「真ん中＝Middle course」「アウトコース＝Out course」の「I・M・O」が基本。

　そこに、高めと低めもミックスすることで、コースや高さに応じた正しいスイング、フォームを身につけることができます。

　また、インコースはややピッチャー寄り、アウトコースはキャッチャー寄りにボールを置く必要があります（P89参照）。

　どのコースもしっかりと腕がエクステンション（伸ばす）される位置で打つことで強い打球を打てますし、コースに合わせたもっとも効率的なバッティングができるからです。

　インコースを体の近くまで引き付けて逆方向（右バッターならライト、左バッターならレフト）に打つ技術もありますが、これは追い込まれたときやピッチャーに差し込まれたときに使う技術のひ

とつ。レベルも高いですし、実際に理想とするバッティングではないので、少なくとも小学校時代に練習する必要はありません。

　テクニックは、どこまでいってもテクニックでしかありません。子どものころに学ぶべきはそういう細かな技術よりも、「一番強く、ボールにアタックできる位置を学ぶ」ことです。

　止まっているボールをしっかりと打てるようになったら、コーチに下からボールを投げる「ソフトトス」を打つ練習も取り入れましょう。これも野球界ではポピュラーな練習法ですが、私の場合は、バッティングティーとソフトトスを交互に行うことで、バッティングの感覚をつかんでいました。

　ジャイアンツの選手にも、同じような指導を行っていました。

　バッティングティー→ソフトトス→バッティングティーと、止まっているボールと動くボールを交互に打つことで、たとえば「ティーでは上手く打てているのに、トスになるとスイングが崩れてしまう」「ティーでのスイングとトスでのスイングが違う」といったように、自分の中での課題がわかってくるようになります。

　課題がわかれば、その時点まで立ち戻り、調整することもできます。プロの選手も、そうやって自分の調子や技術を見極めているのです。

　ハンドトスは、打つ側はもちろん、トスを上げる側の技術も必要になります。打ちやすい真ん中に投げてあげることが基本ですが、バッティングティーでの練習と同じように、インコース、真

ん中、アウトコースの「I・M・O」への投げ分け、高さの変化に加えて、ゆるいトスを上げたり、少しクイックで速いトスを上げてタイミングの違うボールを投げてあげることも大切です。

　特にタイミングは、バッティングティーでは練習できないので、レベルをひとつ上げた練習法として上手に活用しましょう。

　メジャーリーグの選手でも、ゆるいトスを何球か続けたあとに速いトスを上げるとタイミングが合わずに差し込まれてしまうケースが多々あります。

　それだけ、タイミングをとるのはむずかしいということです。

　具体的な練習法としては、20球を1セットと考えて、バッティングティーとソフトトスを繰り返し行います。

　その際、「I・M・O」「高低」「緩急」は上手く織り交ぜる必要があります。ティーで色々なコース、高さの練習をしたら、トスでも同様にコースや高さの違うボールを練習する。

　最終的にはコーチにコース、高さ、速さをランダムに投げてもらい、すべてに対応できるようになるまで練習すると、実際の試合でどんなボールがきても対応できるようになるはずです。

　ティーバッティングは、広いグラウンドやたくさんの人数がいなくてもやれる練習法でもあるので、個人練習にも向いています。コーチや親御さんに協力してもらいながら、より「実戦的」な練習法のひとつとして取り入れてほしいと思います。

ボールに対してまっすぐに
バットを入れる

バッティングティーにボールをセットし、かまえを作る

ボールに対して直線的にスイングする

ボールの真後ろにバットを入れるイメージでコンタクトしていく

打球がライナーでネットに突き刺さり、
バッティングティーが動かなければOK

正しいスイングでボールをとらえられたか、
自分でもしっかりとチェックする

バットの入れかたのイメージ

 ボールの真後ろからバットを入れるイメージ。
スイングの軌道も地面と平行な「スクエア」を意識する

 バットが下から入ると打球が上がってしまい、
バッティングティーにバットが当たってしまう

ティーを置く位置

右打者の場合

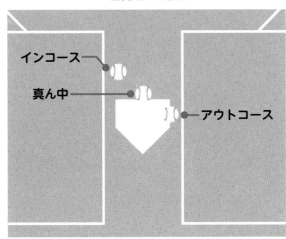

インコース

真ん中

アウトコース

左打者の場合

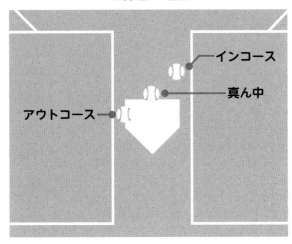

インコース

真ん中

アウトコース

真ん中を基準にして、インコースはピッチャー寄り、アウトコースは
キャッチャー寄りにバッティングティーを置く

真ん中

ティーを置く基本の高さ。まずはこの高さで
しっかりと強い打球を打てるようになろう

低め

ストライクゾーンの低めギリギリくらいの高さ。打ち方はもちろん、「ストライクゾーン」の確認にも役立つ

高め

高めを打つ時は体が起き上がりすぎないよう、上からたたくイメージで打とう

クロマティ流まとめ
ティーバッティング

POINT 1

まずは止まったボールで自分の
フォーム、スイングをしっかり
と固めよう！

POINT 2

ティーとソフトトスを組み合わ
せることで、技術と感覚を体に
染みつけよう！

POINT 3

ボールに対してバットを
直線的に入れる感覚を持とう！

POINT 4

コースや高さなど、あらゆる
ボールを想定してティーバッ
ティングを行おう！

PART 10

ボールをよく見る
Watch the ball

試合中はボールに集中！打つ瞬間までボールを見続けよう

　ここまで、ヒットやホームランを打つために必要な体の使いかたやバッティングフォーム、スイングについて紹介してきましたが。バッティングで大切なのはそれだけではありません。

　体の使いかたと同じくらい重要なのが「目」です。

　時速100マイル（約160キロ）で飛んでくるボールをバットでとらえなければいけないメジャーリーガーはもちろん、動いてくるボールをバットで打ち返さなければいけないバッターにとって、「ボールを見る」ことはフォームやスイングと同じくらい大切になってきます。

　たとえば、目をつむった状態でボールを捕ったり打ったりすることができるでしょうか？　そんな芸当ができる選手は一人もいません。「バッティングでボールを見るなんて当たり前だ」と思う人もいるかもしれませんが、実はメジャーリーガーやプロ野球選手の中にも、調子が悪かったりフォームが崩れてしまうと、しっかりとボールを見ることができなくなる選手が大勢います。

　PART7「肩の役割」では、バッティングのときに肩が早く開か

ないようにしようと教えましたが、実はこれも「ボールを見る」ことにつながってきます。肩が開くとあごが上がり、目線がどうしてもボールから離れてしまいます。

　バッティングで大切なのは、「バットがボールに当たる瞬間まで、しっかりと見る」こと。小学生の子どもはバットを強く振ろうと意識するあまり、ボールから目を離すのが早くなってしまうケースがあります。

　目を離すと、当然バットでボールを正確にとらえることがむずかしくなってしまいます。「ボールを見る」という当たり前のことが実は一番むずかしい。これをしっかりと意識するようにしましょう。

⚾ メジャーリーガーはボールの縫い目まで見える

　「ボールを最後まで見る」トレーニングに、近道はありません。キャッチボールでもバッティング練習でも、つねにボールを目で追いかける習慣をつけながら、少しずつ訓練していく必要があります。

　とはいえ、小学生のときはやみくもに「ボールを見ろ！」と言われても楽しくないですよね。

　そんなときは、ゲーム感覚でトレーニングすることをおすすめします。ボールに数字を書いて、それを投げてもらう。飛んできたボールをしっかりとみて、数字を当てるゲームや、「１分

間」「3分間」と時間を決めて、動くボールを見続けるなど、コーチや親御さんが工夫して、子どもに「飽きさせない」トレーニングを考えてあげてください。

　そういうトレーニングを積んでいくと、目と頭が鍛えられ、バットをどこに出せばボールにコンタクトできるかも少しずつわかってきます。私がメジャーリーグデビューを果たしたばかりのころ、先輩から「ピッチャーが投げてきたボールの縫い目が見えるか？」と聞かれました。

　「そんなもの、見えるわけないだろう！」そのときはそう思っていましたが、毎日ボールを見るトレーニングを続けるうちに、私にもボールの縫い目がはっきりと見えるようになってきました。

　そこまでしっかりとボールが見えるようになると、メジャーリーガーが投げる速いボールにもついていけるようになりますし、少し高度な話になりますが縫い目が見えることで「どんな変化球か」がわかるようになります。

　ちなみに、野球のボールの「縫い目」がいくつあるか、知っていますか？　正解は108です。おそらく、メジャーリーグやプロ野球でもこれを知らない選手はたくさんいます。「ボールを見る」こととは直接関係ありませんが、「108の縫い目」をしっかりと見るくらいの意識を持つことも、重要です。

　もちろん小学生の時点で「ボールの縫い目」まで見えるように

写真：AP／アフロ

大谷翔平など、プロの一流バッターは全員、「バットがボールに当たる瞬間までボールを見る」ことを実践できている

なるのはむずかしいですが、日々のトレーニングでそこまで可能になることは、わかってほしいです。

　ボールを見るトレーニングは、試合中でも行うことができます。守備についているときはもちろん、ベンチの中でも、つねにボールを目で追い続ける。チームメイトとぺちゃくちゃおしゃべりするのではなく、ボールと試合に集中する。そうやっていつでもボールを見続けると、いつしかボールを見ることが「習慣」になって、意識しなくてもボールを最後まで見続けることができるようになります。

　小学生のころはなによりも野球を「楽しむ」ことが大切なので、試合中に「余計なことをしゃべらないでボールをずっと見ろ！」というのはちょっとやりすぎだとは思いますが、ベンチでボールから目を離してしまうのはケガの危険性もありますし、やはりつねにボールがどこにあるのかは見ておく必要があるでしょう。

　その上で、試合や野球から離れたらしっかりリラックスして、オンとオフの切り替えをしっかりとする。

　子どもも大人も、集中力はそこまで長く続きません。

　大事な場面でしっかりとボールに集中するためにも、気持ちの切り替えはとても重要なのです。

普段から「ボールをよく見る」ことを習慣にしよう

ティーバッティングなど、普段の練習から「打つ瞬間までボールを見る」ことを意識しよう

クロマティ流まとめ
ボールをよく見る

POINT 1

ボールを見ないと、
バットにボールは当たらない！

POINT 2

楽しみながら「ボールを見る」
トレーニングをしてみよう！

POINT 3

プロの一流選手は、ボールの
縫い目まで見ることができる！

POINT 4

試合中もつねにボールを
目で追う習慣をつけよう！

PART **11**

プランを立てる
Having a plan

バッターボックスに入る前から、しっかりと準備をする必要がある

　バッターにとって大切なのは、ボールに正確にコンタクトする技術や、下半身と力を上手に使って強い打球を飛ばすパワーだけではありません。

　技術とパワーを身につけたら、次は「頭」を使う必要があります。野球というスポーツにおいて、バッターはつねに「受け身」の存在です。ピッチャーがボールを投げてきて、はじめて野球のプレーは始まります。投げ込まれたボールをいかに打ち返すかがバッターの仕事なので、そこでは当然、あらかじめピッチャーに対してどうやってアプローチするのか、どうやって打つのか、自分の中で「プラン」を持っておかなければいけないのです。

　もちろん、プランがない状況で打席に立っても「たまたま」打てることはあります。しかし、コンスタントに、安定して結果を残すバッターになるためには、プランを持つことは必ずやらなければならない作業といえるでしょう。

　では、具体的にどのようにプランを練っていく必要があるのか。

私は、試合におけるプランには「メンタル」と「フィジカル」の
ふたつがあると考えています。プランではなく「準備」と言い換
えてもいいかもしれません。

メンタルのプラン作りは試合前から始まります。まずは、今
日対戦するピッチャーがどんなピッチャーなのかをしっかりと
頭に入れます。ボールのスピードはどのくらいか、得意な変化
球は何か、コントロールはいいのか……。

現在、プロの世界では対戦するピッチャーを事前に映像で
チェックし、さらに細かなデータを数値化して対策を練ってい
ます。

もちろん、少年野球でそこまでやることは不可能ですが、例
えば次に対戦する可能性のあるピッチャーの試合は見ておくな
ど、事前にやれる限りのデータ収集を行って、「相手を知る」こ
とを意識してみましょう。

⚾ プランは小さな変化、小さな調整で OK

相手を知ったら、次はそれに対して自分がどうアジャストす
るかを考える必要があります。

どんなボールを狙っていけばいいのか、コントロールが悪い
ピッチャーが相手なら、初球からブンブン振り回すのではなく、
甘く来たボールだけを確実にとらえよう……など、相手ピッ
チャーがどんなタイプかによって自分自身のバッティングスタ

イルを少しだけ調整する必要があります。

　ここで注意したいのが、自分のスタイルを大きく変化させる必要はない、ということです。

　一番大切なのは、自分のベストのスイングをすること。そのうえで、相手に合わせて「少しだけ」調整するくらいの感覚がいいかもしれません。大きな変化や大きな調整が大きな成功をもたらすとは限りません。野球の世界ではむしろ、小さな変化、小さな調整が大きな成功をもたらすことの方が多い気がします。

　私自身のことをお話しすると、メジャーリーグ時代、フィル・ニークロというピッチャーと対戦したときのことを思い出します。ニークロは「魔球」と呼ばれるナックルボールの使い手で、メジャー通算で318勝をあげた大投手です。

　彼の投げるナックルボールは、蝶のようにホームベース上でゆらゆらと揺れるので、「フルスイング」でボールをとらえるのはほぼ不可能でした。

　そこで私は、事前に「いつもよりコンパクトに、ハーフスイングくらいの感覚で打つ」ことをプランとして掲げ、打席に立っていました。

　まぁ、ニークロのようなナックルボールを投げるピッチャーは日本にはいないので少し特殊な例ですが、それ以外にもシュートが得意な右ピッチャーの場合は、ボールが自分から逃げていくのでいつもより打席の少し前に立ち、ボールが変化す

る直前をたたくイメージを持つなど、つねに相手ピッチャーに合わせてプランを立て、打席に入っていました。

また、相手ピッチャーに対してプランを立てるときには必ず「ピッチャーのベストボール」を想定しておく必要があります。

ストレートが速いピッチャーなら速いボールを打ち返す準備をして、それ以外の球種に対応する。逆に、変化球が得意なピッチャーなら、その球種のイメージを持ちながら、ストレートにも対応できるように準備しておく。

ベストボールを想定してプランを立てておけば、バッターボックスの中で不安になったり、あわてることもほとんどなくなるはずです。

🎾 ルーティンをこなして試合にのぞむ

一方でフィジカルのプランは、実際に体を動かして行います。頭で考え、その試合、その打席でどういう調整が必要なのかを理解したら、本番に向けていわゆる「ルーティン」と呼ばれる練習を行って試合に臨みます。

まず、球場に着いたらウォーミングアップをして、ティーバッティング、バッティング練習の順番で少しずつ体を慣らしていきます。このとき、やみくもにバッティングをするのではなく、事前に想定した「メンタルのプラン」を自分の動きに落とし込み、実践することが大切です。

　試合前からメンタルとフィジカルのプランを完成させておけば、打席に入るときにあれこれ悩むこともなくなり、逆にシンプルな思考でバッティングすることができるのです。

　私は、いざ打席に入ってしまったら余計なことは考えず、ピッチャーが投げてくるボールにだけ集中することが大切だと考えています。こう言うと、「え？　事前にプランを立てたり、準備をするのに打席では何も考えないの？」と思うかもしれませんが、それらはすべて、「打席に入る前」に終わらせておくべきことです。

　試合前からプランを立て、試合中のベンチでは相手のピッチャーの調子や、その日どんなボールを投げているのかを見る。

　そして、ネクストバッターズサークルがプラン立てと準備のラストチャンス。タイミングをはかったり、前のバッターが凡退したときにはその選手から直接ピッチャーのボールについて情報を聞き出すことも必要です。

バッターボックスに立つ前に、準備を終わらせる

　そうやって打席に入る直前まで、しっかりとプランを立てて、いざバッターボックスに入ればピッチャーとの1対1の勝負に専念する……。そこからはもう、ショータイムです。

　バッターボックスの中ではバッターこそが主役です。集中力を高め、あれこれ考えるのではなく「リアクション」に徹する。

　事前に立てたプランのことを打席でも考えてしまうと、それがアクションとして出てしまい、相手に自分の狙いを見破られてしまう可能性もあります。

　試合というのは、それまで準備したものを披露（ひ ろう）する場です。

　事前の準備ができていなければ、試合で結果を残すことはできません。

　日々の練習ももちろん「準備」ですが、試合前のプラン立てやルーティンはその準備の仕上げのようなものです。

　小学生はプロ野球選手やメジャーリーガーほど、細かなプランを立てる必要はないかもしれません。ただ、練習で身につけた技術を発揮するために、試合前に実際にどうやって打つのか、どういうスイングをするのかをイメージすることは小学生でもできますし、子どものころからプランを立てる習慣をつけていけば必ず将来に生かせるはずです。

　また、日々の練習や試合前の行動すべてが「試合に向けての準備」であることを意識できれば、子どもたちもより真剣に練習に取り組むことができるはずです。

クロマティ流まとめ
プランを立てる

POINT
1
プランがないバッターは、
安定した成績を残せない

POINT
2
日々の練習や試合前の
プラン立ては、
すべて「試合のため」に行う!

POINT
3
メンタルとフィジカル
両方のプラン立てが大切!

POINT
4
すべてのプラン立てと準備は
バッターボックスに入る前に
終わらせる!

PART 12

打球を打ち分ける
Opposite field

正しい打ち方を実践すれば 自然と"打ち分け"ができる

　バッターの仕事は、ヒットや四球を選んで塁に出ることです。もちろん、ホームランをはじめとした長打を打てるにこしたことはありませんが、どんなに優秀なスラッガーでも、つねにホームランを打てるわけではありません。

　塁に出るため＝ヒットになる確率を上げるために大切なのが、90度あるフェアゾーンをしっかりと使うこと。すなわち、打球を全方向にしっかりと打ち分けることです。

　プロ野球でもこれを実践できている選手は決して多くありません。しかし、だからといってこれが「むずかしい」技術かというと、決してそうではないと思います。

　大切なのは「正しい技術」と「意識」です。

　読売ジャイアンツでアドバイザーを務めていたとき、4番打者の岡本和真が不調に苦しんでいることがありました。

　彼はチームからホームランを求められているバッターなので、どうしても「強い打球＝ホームラン」が出やすいよう、すべてのボールを引っ張って打つ（右打者の岡本選手の場合はレフト方向に打つ）意識が強くなりすぎていました。

　それに気づいた私は試合前に彼を呼び止め、帽子のツバの裏に90度のフェアゾーンを書きこみ（※P114参照）、「来たボールを素直に打ち返せばいい」とアドバイスをしました。

　するとその試合、彼はライト方向に見事なホームランを放ち、不振から脱出したのです。

　彼にはもともと「正しい技術」が備わっていたので、あとは「意識」を変えてあげれば問題は解決できました。

　では、「正しい技術」とはなんでしょう。

　それは、ここまでこの本で紹介してきたバッティングの技術です。

　ボールに対して直線的にアプローチし、下半身の力を上手くバットに伝える。この「基本」を守れば、打球は自然と全方向に飛んでいきます。

　具体的に言うと、何度も紹介した「インコース＝In course」「真ん中＝Middle course」「アウトコース＝Out course」の「I・M・O」のことです。

　アウトコースを引き付けて打てば打球は逆方向（右バッターはライト方向、左バッターはレフト方向）へ、インコースをピッチャー寄りでとらえれば引っ張り方向（右バッターはレフト方向、左バッターはライト方向）へ、自然と打球が飛ぶのです。

　逆方向に打つと、強い打球が打てないと思われがちですが、それもここまでで解説してきたように大きな間違いです。

　しっかりと下半身の力を使い、コースに応じて直線的にアプローチすれば、逆方向にも強い打球は打てます。

　もちろん、状況に応じてあらかじめ「打つ方向」を意識して打席に立つケースもありますが、それはイレギュラーな状況。

　ピッチャーが投げたボールを素直に打ち返せば、打球は自然と正しい方向に飛び、結果的に「打ち分け」が可能になるのです。

確率を上げることが、成功への道

　近年、メジャーリーグではバッターの打球方向のデータをとり、極端なシフトを敷くケースがよく見られます。

　たとえば大谷翔平選手が打席に立つと、相手の内野手が全員、ライト方向に寄ります。一、二塁間にセカンドが立ち、ショートが二塁ベースの後方に、サードが本来のショートの位置を守る……。これは、大谷選手の打球がライト方向に飛ぶ確率が高いからですが、こういったシフトはメジャーリーグはもちろん、日本のプロ野球でも少しずつ見られるようになってきました。

　現代野球のトレンドと言ってしまえばそれまでですが、私はいつも、「なぜ、わざわざ野手が守っている位置に打つのだろう」と疑問に思ってしまいます。

　内野手がライト方向に寄っているのであれば、外角のボールに狙いを定めてレフト方向に素直に打ち返せば、ヒットになる確率は上がります。

　もちろん、インコースに来たボールを無理に逆方向へ打つ必要はありませんが、シフトを敷かれたのであればその逆を突く打球を打てるコースを待てばいいだけです。

　何度も言いますが、決してむずかしいことを言っているわけではありません。

　「来たボールを素直に打ち返す」

　それだけでいいのです。その上で、私が岡本選手にアドバイスしたように、90度のフェアゾーンを意識して、より確率の高い打撃を実践する。

　そうすれば、ヒットになる確率は、確実に上がるはずです。

岡本和真選手の帽子のつばに書いた イラストのイメージ

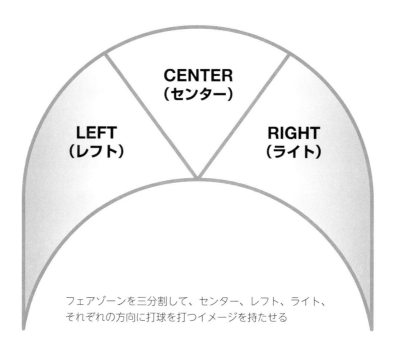

CENTER (センター)

LEFT (レフト)

RIGHT (ライト)

フェアゾーンを三分割して、センター、レフト、ライト、
それぞれの方向に打球を打つイメージを持たせる

コースに応じて直線的に
アプローチするイメージ

右打者の場合

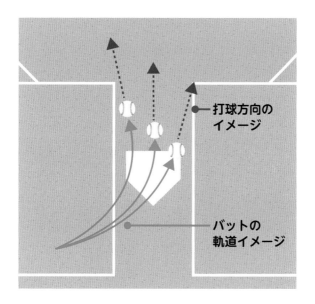

打球方向の
イメージ

バットの
軌道イメージ

インコース、真ん中、アウトコースにそれぞれ正しく、直線的にアプ
ローチすれば、打球は自然とレフト方向、センター方向、ライト方向
へと飛んでいく

クロマティ流まとめ
打球を打ち分ける

POINT 1

**正しいアプローチをすれば
自然と打球は全方向に飛ぶ！**

POINT 2

**技術はもちろん、
意識の持ちかたも大切！**

POINT 3

**逆方向でも、
強い打球は打てる！**

POINT 4

**全てのコースに対して
直線的にアプローチする！**

PART 13

バットの選びかた
Choosing the right bat

自分に合ったバットを選ばなければ、理想のバッティングは実現できない

　ここまで、私が現役時代、そして引退した後に選手を指導する中で身につけてきたバッティングの「ノウハウ」をお伝えしてきましたが、最後に紹介したいのが「バットの選びかた」です。

　実は、どんなバットを選ぶかは、バッティングの技術を高めるのと同じくらい、とても大切なことです。

　なぜなら、どんなに正しい技術を身につけて、強く、正確なスイングをすることができるようになっても、バットが自分に合っていなければ結果を出すのはむずかしいからです。

　かまえ、下半身の使いかた、スイングの軌道……バッティングに必要な要素はたくさんありますが、その最後のピースになるのが「自分に合ったバット」です。

　では、どうやって自分に合ったバットを見つければいいのでしょうか。たとえばプロ野球選手は、そのほとんどが自分に合ったバットがどんな重さで、どんな長さで、もっと言うとどんな材料で作られているかまで知っています。

　ただしそれは、子どものころから技術をみがき、自分に合ったバットがどんなものなのかを、長い時間かけて見つけることがで

きているからです。

　しかし、特に野球をはじめたばかりの子どもたちに、いきなり「自分に合ったバットはなんだ？」と聞いても、わかるはずがありません。

　バット選びで大切なのは、実は子どもたちではなくコーチや親御さんです。

　小学生のころは「かっこいい」「チームメイトが使っている」「好きなプロ野球選手が使っている」といった理由でバットを選びがちです。ただし、いわゆる「見た目」だけでバットを選んでしまうと、本当に自分に合ったバットと出会う確率が下がってしまうように思います。そこで、大人の出番です。

　子どもたち自身に自分に合ったバットを選ばせるのは、まだまだレベルが高いので、大人がしっかりとサポートして、より良いバットを選んであげる必要があるでしょう。

あつかいやすいバットを選ぶのがポイント

　自分に合ったバットの選びかたはいくつかありますが、まずは一番かんたんな方法をお教えします。

　バットを片手で持って、そのまま水平になるまで持ち上げてみてください。そのままストップして10〜15秒間キープしてみましょう。その時、手が震えてしまったり、バットのヘッドが下がってしまうようでは、その子にとってそのバットは「重すぎ」ま

す。

　バットが重すぎると、ここまで何度も伝えてきた「自由自在にあつかう」ことができません。

　もちろん、バットが軽すぎてもよくないので、10〜15秒間、水平をキープしつつ、バットの先端に少しだけ重さを感じるくらいのものがベストです。

　長さについては、子どもたちの身長に応じて選んであげるのがベストです。厳密に「この長さじゃなければダメ！」ということはありませんが、バットを持ってかまえたときの全体のバランスなどを、大人がしっかりとチェックしてあげる必要があります。

　このチェック方法であればお店でもできるので、まずは重さと長さのバランスをしっかりと見て、大人がバットを選んであげましょう。

　もちろん、実際にスイングすることができるのであれば、バットを持つだけでなく、振ったり、ボールを打ってみるのもおすすめです。

　これも、周囲の大人がしっかりとチェックしてあげる必要があります。ポイントはいくつかありますが、

・しっかりと最後までスイングできるか

・スイングしたときにバランスが崩れないか

・スイングのとき、バットが下がっていないか

このあたりをチェックしてあげましょう。素振りでもいいですが、

できればティーバッティングやトスしたボールを実際に打ってみるほうが、より「しっかりとスイングできるか」がわかりやすくなります。

　バッティングの技術と違って、バット選びの責任はほぼ100パーセント、大人にあります。

　その子にとって、本当にそのバットが合っているのか――。そこに気づいてあげるのが、コーチや親の役目なのです。

　もしも打てなくても子どもたちを叱るのではなく、正しい技術が身についているのか、自分に合ったバットを使っているのかを見極めてあげてください。

　子どもと一緒になって、打てない理由を考えてあげる。それが技術なのか、道具なのか、大人たちがしっかりと子どもを見て、解決方法を探してあげましょう。

バットは "見た目" だけでなく、実際にあつかいやすいかをチェックしよう！

片手でバットを持ち上げて、10〜15秒間ほどキープする。
写真右の選手のようにヘッドが下がってしまうようなら「重すぎ」

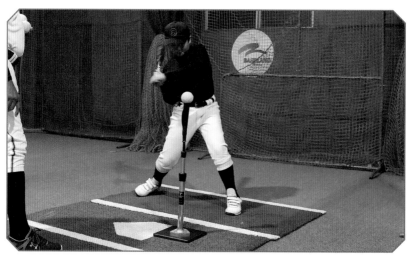

ティーバッティングなどで実際にボールを打ち、スイングの軌道やバランスが崩れないか、大人がしっかりとチェックしてあげよう

クロマティ流まとめ
バットの選びかた

POINT 1

正しい技術があっても、
正しいバットでないと
打てない！

POINT 2

"見た目"だけでバットを
選ぶのは危険！

POINT 3

実際にバットを手に取り、
あつかいやすい重さか
確認しよう！

POINT 4

バット選びの責任は、
100パーセント大人にある！

この本は私からの"ギフト"であり、

「ONE MOVE 最強バッティング教室」を最後まで読んでくれて、本当にありがとうございます！

いかがでしたか？　きっと、これまでは知らなかった新しい技術の話や、日本ではあまりなじみのない理論もあったのではないでしょうか。

その一方で、もしかしたら「こんなかんたんなことをやるだけでいいの？」と感じた人もいるかもしれません。

インターネットやSNSが盛んになった今は、私の現役時代では考えられないほど、たくさんの情報が世の中に出回っています。

その中にはきっと、バッティングについて「ああしろ」「こうしろ」という細かな技術を解説しているものもあるでしょう。

もちろん、そのすべてが間違いだとは思いません。

ただ、私がこの本を通じて日本の野球少年、野球少女に伝えたかったのは「バッティングは、もっと自由でいい」ということです。

たとえば日本にやってくる外国人選手やメジャーリーガーのバッターは、みんな個性的なバッティングフォームをしていませんか？

それに比べて、日本のバッターはどうでしょう。ほとんどが同じようなフォームでバッティングをしています。

もちろん、「自由」といっても、好き勝手に打てばいいというわけではありません。バッティングには当然、「ココだけは守ったほうが打てるよ」という基本も存在します。

日本野球界への"メッセージ"です

　しかし、逆を言えばその「基本」さえ守っていれば、あとはどんなフォームでも、自分が打ちやすければいいのです。

　この本では、私のメジャーリーグでの10年間、日本プロ野球での7年間、そしてこれまで見続けてきた日米の野球界で経験したノウハウの中から「基本」と考えているものを紹介しました。

　メジャーリーグで実績を残し、日本のプロ野球にやってきた私は、そこで新しい「野球」と、王貞治さんという師に出会いました。

　日本は私にとって第二の故郷です。

　今でも街を歩くと「クロマティさん！」と声をかけてもらえるのは本当にうれしいですし、日本の方が私のことを愛してくれているのだと実感しています。

　もちろん私も、日本を愛しています。

　この本は、私にとって日本の野球界へのメッセージであり、恩返しであり、ギフトです。

　この本を読んだ子どもたちが将来、日本のプロ野球、そしてメジャーリーグで活躍するような素晴らしい選手になってくれることを、心から祈っています。

2021年6月吉日
ウォーレン・クロマティ

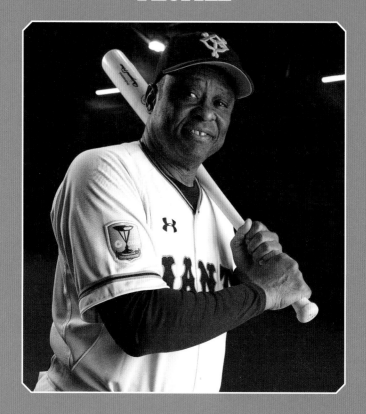

ウォーレン・クロマティ
Warren Cromartie

1953年9月29日生まれ、アメリカ・フロリダ州出身。1974年にMLB・モントリオール・エクスポズに入団し、1977年からレギュラーに。1984年にNPB・読売ジャイアンツに入団すると1年目から35本塁打を放つなど活躍。1989年にはシーズン途中まで打率4割をキープし、最終的には.378で首位打者を獲得。MLB通算1104安打、NPB通算951安打と日米両リーグで一流の成績を残す。2019〜2020年は読売ジャイアンツでアドバイザーを務めた。

YouTubeチャンネル
『クロマティチャンネル』配信中!!

SPECIAL THANKS

瀬戸口 海斗くん

上野 将佑くん

ONE MOVE: The Ultimate Hitting Lesson
Japanese translation rights arranged with Warren Cromatie
through Japan UNI Agency,Inc.,Tokyo

構成・ライティング	花田 雪
通訳・翻訳	鈴木 佑依子
装丁	土井 敦史(HIRO ISLAND)
本文デザイン・DTP	松浦 竜矢
イラスト	中山 けーしょー
写真	浦 正弘
	新井 賢一
	アフロ
	産経新聞社
動画撮影・編集	成富 紀之
撮影協力	上野 将佑
	瀬戸口 海斗
	ベースランド新木場(https://baseland.co.jp/)
特別協力	株式会社読売巨人軍
	福岡ソフトバンクホークス株式会社
	株式会社日本ユニ・エージェンシー
	ミズノ株式会社
編集	吉村 洋人

ONE MOVE
最強バッティング教室

2021(令和3)年7月6日　初版第1刷発行

著　者　　ウォーレン・クロマティ
発行者　　錦織 圭之介
発行所　　株式会社 東洋館出版社
　　　　　〒113-0021　東京都文京区本駒込5－16－7
　　　　　営業部　TEL 03-3823-9206 ／ FAX 03-3823-9208
　　　　　編集部　TEL 03-3823-9207 ／ FAX 03-3823-9209

　　　　　振替　00180-7-96823
　　　　　URL　http://www.toyokan.co.jp
　　　　　　　　http://www.toyokanbooks.com

印刷・製本　岩岡印刷株式会社
　　　　　ISBN　978-4-491-04462-0 ／ Printed in Japan